ZUM HINTERGRUND DIESES BUCHES

Im Herbst 2004 trat Carolina Welin mit dem Verbum Verlag in Stockholm in Kontakt und hatte die Idee, ein spirituelles Inspirationsbuch zu schreiben über den bekannten und beliebten modernen schwedischen »Rosenkranz« des Bischofs Martin Lönnebo. Der Verlag wollte dieses Buch gerne herausbringen und das Ergebnis halten Sie nun in der Hand: Die Perlen des Lebens. Carolina Welin hat zusammen mit Carolina Johansson die Texte dieses Buches geschrieben. Martin Lönnebo, der vor mehr als zehn Jahren den ersten Kranz angefertigt hat, hat den Großteil der Gebete verfasst und steht als der Ideengeber hinter diesem Projekt. Die Perlen des Kranzes sind in Handarbeit in Indien hergestellt und werden über das Fair-Trade-Handelsunternehmen Tara Projects bezogen.

Martin Lönnebo war Bischof im Stift Linköping und ist nun im Ruhestand. Carolina Welin arbeitet im Bereich Kommunikation und Marketing in Stockholm und Carolina Johansson ist Journalistin und Autorin und arbeitet ebenfalls in Stockholm.

Manchmal können die wirklich großen Einsichten auf so verborgene Weise kommen, dass man gar nicht merkt, wie groß sie eigentlich sind.

Inhalt

Was sind die Perlen des Lebens? 8

Die Ich-Perle 30

Die Gottesperle 18

Die Taufperle 36

Die Perlen der Stille 24

Die Wüstenperle 42

Die Perle der Gelassenheit 48

Die Perlen der Liebe 54

Die Geheimnisperlen 64

Die Perle der Nacht 70

Die Perle der Auferstehung 76

Zum Hintergrund der Perlen .. 82

Was sind die Perlen des Lebens?

Schon als ich zum ersten Mal in Kontakt kam mit Bischof Martin Lönnebos Rosenkranz, den Perlen des Lebens, war ich begeistert. Ich fand die Idee großartig. Dieses kleine Armband mit seinen verschiedenfarbigen Perlen hatte auch einen tieferen Sinn. Es war so spannend für mich zu sehen, dass der Besitzer eines solchen »Rettungsringes« jeder der Perlen seine eigene, ganz persönliche Bedeutung geben kann. Aber darüber hinaus ist jede Perle für sich eine Art eigene Persönlichkeit.

Jede Perle hat etwas zu erzählen, jede Perle hat ihre eigene Symbolik. Jede Perle trägt eine Botschaft ist sich – und das ist nicht irgendeine Botschaft, sondern es ist eine Einladung von Gott, der Urkraft selbst, etwas, das größer ist als ich. Die Perlen des Lebens wurden zu einer Möglichkeit für mich, in meinem inneren Raum ein Gespräch mit Gott zu beginnen über meine Sehnsucht, meine Träume und meine Gebete. Egal zu welchem Zeitpunkt und wo auch immer ich mich gerade befinde, kann ich in Verbindung sein mit meinen Lebensperlen und kann mich durch sie daran erinnern lassen, was das Wichtigste in meinem Leben ist.

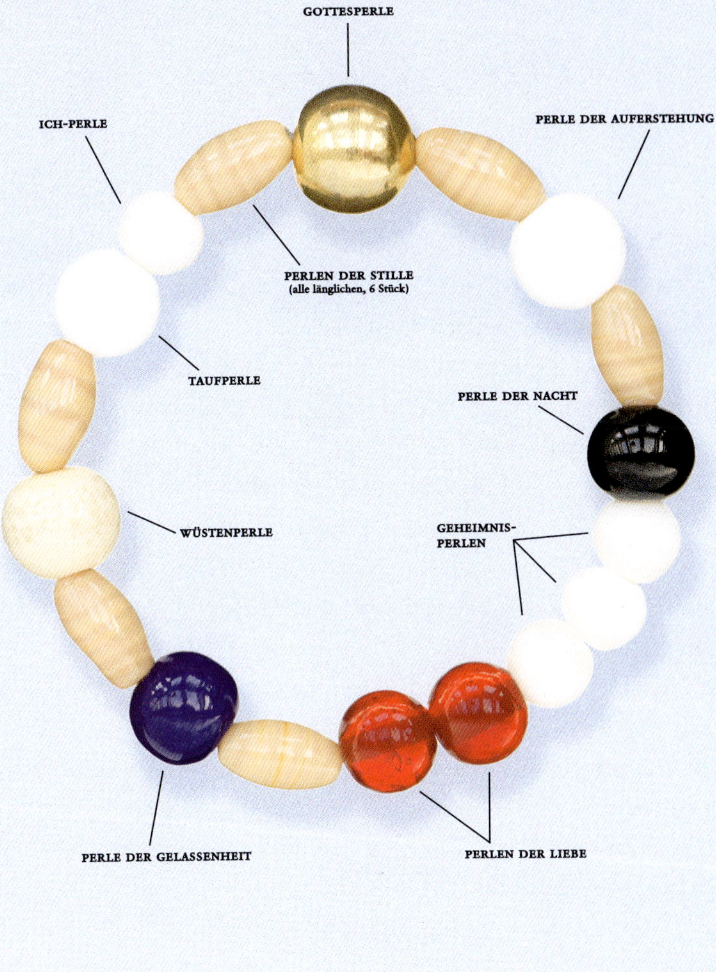
GOTTESPERLE
ICH-PERLE
PERLE DER AUFERSTEHUNG
PERLEN DER STILLE
(alle länglichen, 6 Stück)
TAUFPERLE
PERLE DER NACHT
WÜSTENPERLE
GEHEIMNIS-
PERLEN
PERLE DER GELASSENHEIT
PERLEN DER LIEBE

LASS DIE PERLEN DES LEBENS DEINE BESTEN FREUNDE SEIN

Die Idee hinter den Perlen des Lebens ist einfach: ein moderner Rosenkranz, der eine Hilfe ist und an das Wichtigste im Leben erinnert: Dass ich ein Mensch bin, dass ich frische Luft zum Atmen brauche, dass ich in Freude und Harmonie mit meinen Mitmenschen leben will, mit der Natur und mit der geistigen Welt.

Achtzehn Perlen. Zwölf runde und sechs längliche. Nimm sie in die Hand. Berühre sie. Lass die Perlen sachte zwischen deinen Fingern gleiten, eine nach der anderen. Denk über das nach, was wichtig im Leben ist. Was schenkt mir Glück? Worauf liegt der Fokus in meinem Leben? Ist er da, wo er sein sollte? So fängt es an.

Bei der Reise, zu der die Perlen uns auffordern, geht es um das Leben. Das ist nicht unbedingt eine leichte Reise. Zu Anfang sperren wir uns vielleicht dagegen. Wir hören nicht die Botschaft, die die Perlen uns vermitteln wollen, werden von der Berührung nicht erreicht. Sei geduldig. Bei den Perlen geht es nicht um Leistung, sie wollen einfach zur Hand sein. Jede einzelne auf ihre Weise. Das Ziel der Reise ist es, Gott zu finden, aber auch mich selbst zu finden und meine Mitmenschen wahrnehmen zu können.

Wo auch immer du sein magst, wohin du auch gehst, die Perlen des Lebens kannst du immer bei dir haben. Freunde, die immer da sind, wenn du Unterstützung brauchst.

WESHALB BRAUCHEN WIR EINEN GEISTIGEN FREUND?

Unsere innere Stimme nehmen wir immer weniger wahr, unsere Seele hat immer weniger Platz. Eine der Ursachen ist, dass wir ständig »online« leben, rund um die Uhr verfügbar sind. Doch die mobile Freiheit ist auch ein Stressfaktor. Forscher beginnen nun zu merken, dass dies auch eine große Gefahr für unsere Gesundheit und unser Wohlbefinden in sich birgt. Wir vergessen, die Anforderungen und Erwartungen der Umwelt abzuschalten, wir vergessen unsere eigenen Bedürfnisse.

Wir haben das Gefühl, manchmal nur für andere da zu sein, und wir bekommen ein schlechtes Gewissen, wenn wir etwas für uns selbst tun. Die Umwelt will das Zentrum in unserem Leben sein. Wichtige Gespräche werden von den Fernsehnachrichten zum Schweigen gebracht, der Urlaub mit der Familie besteht auch aus Arbeit auf Distanz. Und für diejenigen, die keine Arbeit haben, kann die aufgezwungene Freizeit eine Quelle anhaltender Unsicherheit sein.

Unsere Lebenssituation kann zu Unruhe und Rastlosigkeit führen. Wir haben das Empfinden, als sei unser Leben gar nicht richtig lebendig. Unsere Gefühle kommen nicht mit. Der Lebensfunke erlischt und unsere Lebensenergie versiegt.

Es gibt Zeiten, da brauchen wir Hilfe. Oft können wir Unterstützung von uns nahen und lieben Menschen bekommen, von

Menschen, die unsere Bedürfnisse wahrnehmen und die für uns da sind. Aber genauso oft fühlen wir uns einsam und verlassen. Wir schaffen es einfach nicht. Ganz plötzlich wird es uns einfach zu viel. Wir kommen nicht mehr mit uns selbst zurecht und wir wissen nicht, welchen Weg wir einschlagen sollen oder wie wir aus dem Hamsterrad herauskommen. Das sind die Situationen, wo wir in unserem Inneren nach uns selbst suchen müssen.

Wie schaffen wir Balance in unserem eigenen Leben? Das ist leichter gesagt als getan, wenn die Zeit dazu nicht reicht. Das Positive ist, dass das gar nicht so viel Zeit pro Tag in Anspruch nimmt – einige Minuten reichen vollkommen. Das Wichtigste ist die Handlung selbst: sich selbst zu umsorgen und mit Liebe zu behandeln, die Sinne zur Ruhe kommen zu lassen und sich innerlich zu öffnen.

Die Perlen des Lebens sind ein geistiger Freund, jemand, der für dich und deine Bedürfnisse da ist. Lege in deine Lebensperlen deine Bedürfnisse. Lass die Wüstenperle deine Begleiterin sein, wenn alles grau und trist ist, lass die Perlen der Liebe dich an jemanden erinnern, den du gerne magst, und räume mit Hilfe der Gottesperle dem Licht und der Freude täglich für eine Weile einen Platz in deinem Inneren ein.

DIE PERLEN DES LEBENS – EINE UNTERSTÜTZUNG IM ALLTAG

Die Perlen des Lebens sind als eine Unterstützung gedacht, um das Dasein und unsere eigene Welt zu verstehen. Und gleichzeitig sind sie eine Verbindung oder eine Brücke zu Gott und der geistigen Welt. Die Perlen des Lebens führen dich zur inneren Sammlung und helfen dir, deine Gedanken gesammelt zu halten – um jeweils eine Sache in Angriff zu nehmen. Es gibt eine Perle für jede Gelegenheit im Leben.

Die Perlen des Lebens schenken uns Zeit, sie zeigen uns einen möglichen Lebensweg durch Nachdenken und schaffen eine Balance zwischen dem Wunsch, etwas haben zu wollen, und dem Wert, der darin besteht, auf etwas zu verzichten. Die Perlen helfen uns, unsere Gefühle zu sortieren, und tragen auf diese Weise dazu bei, unser Dasein und unsere Beziehung mit dem Leben selbst zu vertiefen.

Auf den folgenden Seiten erhältst du eine Einführung in die Symbolik und die Botschaft jeder einzelnen Perle. Doch im Tiefsten kannst nur du selbst wissen oder herausfinden, welche Bedeutung die Perlen für dich haben.

Carolina Welin

Die Perlen

Die Gottesperle

DAS GOTTESPERLEN-GEBET

Du bist grenzenlos.
Du bist nahe.
Du bist Licht
und ich bin dein.

Die Gottesperle

Die goldene Perle erinnert uns daran, dass es jemanden gibt, der immer bei uns ist und über uns wacht. Die Gottesperle ist der Anfang und der Schluss des Kranzes. In ihr liegt der Ursprung des Lebens und sein tiefster Sinn.

Es gibt eine Kraft im Leben, die alles zusammenhält. Jemand, der alles in seiner Hand hält. Jemand, der es gut mit mir meint.

Die Perle symbolisiert Glaube, Wunder und Zuversicht. Wenn es Gott gibt, ist nichts hoffnungslos oder sinnlos. Was ist wichtig in meinem Leben? Sieht mein Leben so aus, wie ich es will? Sollte irgendetwas anders sein? Die Perle erinnert an das wirklich Wichtige im Dasein. Die Perle ist die unsichtbare Hand, die in unser Leben eingreift. Die Anwesenheit des Heiligen.

Täglich eine Zeit des Innehaltens, danach sehnen sich viele Menschen, davon träumen viele. Doch wenn wir den Augenblick nicht zu fassen vermögen, finden wir auch nicht diese kurzen Momente der Stille.

Die Gottesperle ist die schönste, größte und auffälligste Perle des ganzen Kranzes. Geborgenheit. Liebe. Ohne Erklärungen sind sie einfach da – genau wie Gott.

Ich kann voller Zutrauen zur Ruhe kommen mit der Gottesperle in der Hand, kann spüren, dass ein anderer meine Lasten trägt. Ob ich im Bus sitze oder ein paar Minuten Zeit zwischen meinen Verpflichtungen habe, immer kann ich meine Hand in die Tasche stecken und die Gottesperle zwischen meine Finger nehmen. Ohne Worte fühle ich mich gesehen im Hier und Jetzt, genau so, wie ich bin. Ich bin akzeptiert und willkommen, wann immer ich will, zu einem Moment des Zusammenseins in der Stille. Wenn Worte nicht ausreichen, ist die Gottesperle vollkommen ausreichend.

MEINE EIGENEN GEDANKEN

Die Perlen der Stille

DAS STILLEPERLEN-GEBET

In Gottes Stille darf ich sein –
wortlos, still,
ohne Anforderungen.

Die Perlen der Stille

Hektik und Stress gibt es überall in der menschlichen Gemeinschaft. Die Perlen der Stille erinnern uns daran, wie wichtig die Stille ist. Wie wichtig es ist, alle Leistungsanforderungen abzustellen und einfach nur da zu sein.

In der Stille kommen wir in Kontakt mit unserem Innersten und lassen dieses sprechen. Wenn wir uns dem Ewigen nähern, bedarf es keiner Worte. Doch wir müssen innehalten, um die Stille zu hören.

Umfasse eine Perle der Stille und atme tief durch. Lass die Gedanken ziehen und Frieden einkehren. Stehe still, so lange du es nötig hast.

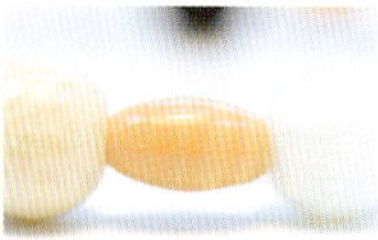

Die wirklich wichtige Stille ist die, die man nicht nur hören kann, sondern die, die man auch fühlt. Diese Stille kommt zu uns, wenn wir draußen sind und spazieren gehen oder wenn wir auf dem Sofa sitzen und nachdenken. Da können wir plötzlich aufmerksam werden auf die Stille um uns. Wie schön ist es, wenn es still wird, denken wir manchmal. Auch in unserem Inneren müssen wir den Weg finden zu unserem eigenen stillen Platz.

In der eigenen Stille zu sein, den eigenen inneren Ruheraum zu finden, das ist etwas, was wir alle einüben müssen. Wir können das »Nicht« einüben – nicht empfinden, nicht denken, nicht sprechen, sich nicht beunruhigen. Einüben, einfach nur zu sein, einfach auszuruhen, auszuruhen von Lärm, Anforderungen, Worten und Eile. Halte die Perle der Stille dann und wann während des Tages in der Hand. Halte inne, fühle, wie du mit Frieden erfüllt wirst, lass die Zeit verrinnen und vergiss den Alltag für eine Weile. Fühle die Stille im ganzen Körper und heiße das Dasein willkommen und das stille Zusammensein mit Gott.

MEINE EIGENEN GEDANKEN

Die Ich-Perle

DAS ICHPERLEN-GEBET

Ich bin ein Tropfen
in Gottes Meer,
das den Himmel spiegelt.

Die Ich-Perle

Die perlmuttschimmernde kleine Perle richtet die Gedanken nach innen, zu dem, was wir sind, wenn unsere äußeren Rollen abfallen. Dass die Ich-Perle neben der Gottesperle liegt, erinnert daran, dass wir nach Gottes Ebenbild geschaffen sind, erinnert an unsere Zusammengehörigkeit mit Gott, dem Ursprung aller Dinge.

Wie im Sandkorn, das in sich die Möglichkeit trägt, zur Perle zu werden, liegen in jedem Menschen ungeahnte Kräfte, die darauf warten, zu erwachen und zum Ausdruck zu kommen. Manche Menschen haben ein besseres Selbstvertrauen als andere. Manchmal sind wir festgefahren in negativen Gedankengängen und sehen nur das, was wir nicht können.

Die Ich-Perle will uns helfen, uns selbst zu sehen jenseits aller Rollen, aller Ansprüche und aller Erwartungen. Uns selbst zu sehen mit Gottes liebevollen Augen als geliebte und geschätzte Wesen, die wir Menschen sind und sein dürfen. Wenn du die Ich-Perle umfasst, dann stell dir dein innerstes Ich als das Schönste vor, was jemals gesehen wurde.

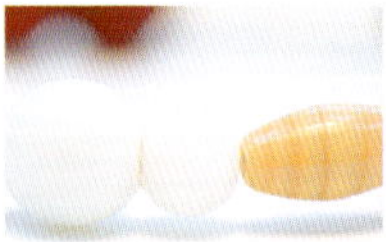

Gott findet sich in jedem und jeder von uns – aber die Beziehung zwischen mir und Gott sieht für alle Menschen unterschiedlich aus. Wir sind alle einzigartig und ganz verschieden. Darum ist auch unsere je eigene Beziehung zu Gott einzigartig. Die Ich-Perle hilft uns, uns selbst nicht zu vergessen und unsere eigenen Bedürfnisse nach Liebe, Freude und Lebenslust. Auch dann, wenn wir mit Schwierigkeiten und Missmut ringen. Wir dürfen sein in unserer Kleinheit und in unserer Größe.

Manchmal fühlt es sich so an, als ob das Leben schwebt. Alles funktioniert so, wie es soll. Jemand, an den ich gedacht habe, ruft in dem Moment an, wo ich auch gerade zum Hörer greifen wollte. Ich bin in Kontakt mit meinem Lebensfluss, mit meinem höheren Ziel. Doch dann zerplatzen Illusionen und das Leben ist wieder wie immer. Alles ist träge und schwerfällig und nichts wird so, wie ich es will oder wie es sein sollte. Misserfolg, Alltag und eine ganze lange Woche, die man in Angriff nehmen muss. Das sind die Momente, in denen ich nach meiner Ich-Perle greife, die sich in der Gottesperle spiegelt. Wenn ich tief durchatme, in mein Inneres hineinhorche und das Ichperlen-Gebet spreche, fühle ich, wie sich ganz sachte Ruhe und Stille in meinem Innersten ausbreiten. Ich bekomme neue, erneuernde Kraft und sehe meine Aufgaben mit einer anderen Energie, die mir mehr Möglichkeiten schenkt. Danke Gott, dass es mich gibt!

MEINE EIGENEN GEDANKEN

Die Taufperle

DAS TAUFPERLEN-GEBET

Ich bin dein Kind, mein Gott,
lass mich wachsen,
lass mich reif werden.

Die Taufperle

Die weiße Perle weist uns darauf hin, dass wir es ständig wagen können, von neuem zu beginnen. In ihr liegt das Versprechen von unbegrenzter Gnade und Vergebung. Es ist nie zu spät.

Wir suchen alle, mehr oder weniger bewusst, nach Bestätigung dafür, dass wir es richtig machen, dass wir etwas taugen. Auf diese Weise ist unser Leben geprägt von der Sehnsucht nach Bestätigung. Wir tun Dinge, weil wir sie tun müssen oder um es anderen recht zu machen. Die große weiße Perle spricht davon, dass wir gut sind, so wie wir sind, dass wir uns nicht verstellen müssen. Die Taufe symbolisiert das Zusammentreffen des Menschen mit Gott, aber auch Umkehr und Neugeburt – neu zu werden wie ein Kind, noch einmal anzufangen und mit den neugierigen Augen eines Kindes die Welt zu sehen. Es geht darum, bittere Erinnerungen und Zwänge hinter sich zu lassen. Voller Vertrauen zu leben und das Gute im Leben zu sehen. Wenn du die Taufperle umfasst, betest du für das Kind in dir.

Das Leben fließt einfach so dahin, ohne dass wir darüber nachdenken. Wir sind vollkommen damit beschäftig, rechtzeitig zum nächsten Termin oder zu einer Essenseinladung zu kommen. Manchmal scheint es so zu sein, dass wir mehr für alle anderen da sind als für uns selbst. Oder dass die Menschen in unserer Umgebung nicht wirklich bei uns sind – sie haben ganz einfach keine Zeit. Oder wir fühlen uns nicht in der Art wahrgenommen, wie wir selbst zu sein glauben. Das kann uns traurig machen und wir fühlen eine Leere. Soll so das Dasein wirklich aussehen? Wir haben das Gefühl, als ob wir beides verlieren, uns selbst und die, die wir lieben und die uns nahe stehen. Dann kommt uns die Taufperle zu Hilfe und erinnert uns an die Bedürfnisse unseres inneren Kindes.

Lass dein Erwachsensein deinem inneren Kind, das spielt und voller Sehnsucht ist, ein wenig Platz geben. Die Taufperle macht es dir leichter weiterzukommen – inspiriert und in Kontakt mit allen deinen Möglichkeiten.

MEINE EIGENEN GEDANKEN

Die Wüstenperle

DAS WÜSTENPERLEN-GEBET

Reinige mich,
so werde ich rein.
Heile mich,
so werde ich heil.

Die Wüstenperle

Die sandbraune Perle symbolisiert die Misserfolge, Zeiten, in denen das Leben wie eine Wüste erscheint. Wir haben keine Kraft, keine Lust, niemanden, mit dem wir reden könnten. Die Umwelt scheint karg, öde und fruchtlos zu sein.

Niemand kann den Wüstenzeiten des Lebens völlig ausweichen, früher oder später kommen sie. Die Wüste ist ein Ort voller Mangel und Sehnsucht nach Leben und Wasser, es geht um das Äußerste. Was brauche ich zum Leben?

Durch die Wüsten unseres Lebens zu kommen ist schwer. Aber wir können uns darin einüben, den Wüsten zu begegnen und uns in ihnen aufzuhalten. Wüstenzeiten können uns lehren, das Wichtige vom Unwichtigen zu unterscheiden. Wenn wir die Schwierigkeiten hinter uns gelassen haben, entdecken wir, dass die Misserfolge uns auch etwas zurückgegeben haben. Wir erhalten eine Perspektive. Wenn du die Wüstenperle in der Hand hältst, dann erinnere dich daran, wie du früher durch Wüstenzeiten hindurchgekommen bist. Was ermöglicht es dir weiterzukommen?

Wüste gibt es auf vielfältige Art und Weise. Sand überall, so weit das Auge reicht. Es gibt keine Hoffnung. Die Wüstenperle ist eine gute Perle, denn sie ist ein Teil des wirklichen Lebens.

Die Wüste kann eine lange, trostlose Wanderung durch den Alltag sein oder ein riesiger Auftrag, der nur mit harter Arbeit zu bewältigen ist. Doch die Wüste kann auch eine ernsthafte Erkrankung sein mit langen Phasen schwieriger Behandlungen und voller Ungewissheit. Eine Stunde vergeht nach der anderen in einem langen, unruhigen Warten. Die Wüste kann aus Einsamkeit während vieler Tage, Wochen oder Monate bestehen. Vielleicht sind wir weit, weit weg von zu Hause.

In den Wüstenzeiten des Lebens gibt es nur einen Weg hinaus – und der führt mitten durch die Wüste hindurch. Es gibt keine Abkürzungen und Schnellstraßen. In dieser Situation mahnt uns die Wüstenperle zu einer Übung in Geduld. Noch ein Schritt, noch ein Atemzug, ein Augenblick nach dem anderen und so kommen wir weiter, Tag für Tag. Allmählich fangen wir an, feine Nuancen zu sehen, der Sand wird ein wenig lebendig, Dinge passieren in der Wüste, wenn wir einfach akzeptieren, dass es nun gerade mal so ist, wie es ist. Die Wüstenperle erinnert uns daran, dass selbst hier Gott bei uns ist, dass er uns sieht, dass er uns trägt, wenn wir keine Kraft mehr haben. Wie ein beständiger Begleiter ist die Wüstenperle in unserer Hand: Gib nicht auf, noch ein Schritt.

MEINE EIGENEN GEDANKEN

Die Perle der Gelassenheit

DAS GELASSENHEITS-PERLEN-GEBET

Hilf mir zu sein,
nicht nur zu tun und
zu scheinen.

Die Perle der Gelassenheit

Die himmelblaue Perle ist der Rastplatz im Leben. Hier in der Stille werden Lebenslust und Lebensmut geboren. Hier dürfen wir sein, ohne etwas zu tun. Hier gibt es keine Anforderungen. Genieße einfach.

Auf der anderen Seite der Wüste wartet die blaue Perle der Gelassenheit. Ein Platz, um sich auszustrecken und zu genießen. Oft fragen wir uns selbst: Was soll ich nun machen? Die blaue Perle fragt uns: Was kann ich weglassen? Während der blauen, sorglosen Augenblicke des Lebens schweben wir frei und nichts scheint uns schwer zu sein. Wie die Vögel unter dem Himmel. Gesegnete Augenblicke voller Friede und Ruhe. Nimm diese Ruheplätze wahr. Das kann eine Stelle in der Natur sein oder ein Mensch, den du gerne magst. Wenn du die blaue Perle in der Hand hältst, fühlst du dich an einen Ort versetzt, wo die Lebenslust wohnt.

Die wunderbaren Momente des Lebens sind ganz einfach wunderbar. Wir sind hier mit jedem Atemzug und genießen, was Gott geschaffen hat für uns Menschen und alle lebenden Wesen auf der Erde. Das Alltägliche wird klein und unwichtig. Wir sind doch Teil eines größeren Ganzen.

Lebenskraft können wir meistens nicht in Stunden und Minuten messen – es geht um Erlebnisse, Gefühle, Freude und Gemeinschaft. Das ist die eigentliche Essenz unserer menschlichen Sehnsucht: Harmonie, Balance und Im-Fluss-Sein. Wir müssen innehalten und die Perle der Gelassenheit ein wenig öfter genießen in unserem täglichen Leben. Eine Dosis Sorglosigkeit mitten im Schweren, das klingt vielleicht wie eine Herausforderung. Aber genau dann brauchen wir sie am meisten. Hier können wir uns darin üben, im Hier und Jetzt zu sein. Leben, genießen und sich darüber freuen, dass unser verantwortungsvolles Leben auch ein Maß an Freiheit von Kummer und Sorge beinhaltet. Die eigentliche Lebenskunst besteht darin, sich Zeit für Freude im Augenblick zu schaffen – nicht zu sagen: Ja, am Sonntag, da kann ich frei und sorglos sein. Die Perle der Gelassenheit enthält eine Aufforderung: Carpe Diem – pflücke den Tag. Diesen Tag.

MEINE EIGENEN GEDANKEN

Die Perlen der Liebe

DAS GEBET DER ERSTEN PERLE DER LIEBE

Öffne mich jetzt
für die heilende Kraft
der Liebe.

Es gibt zwei Perlen der Liebe

Alles Leben beinhaltet Liebe und die Liebe hat eine doppelte Bewegungsrichtung: nach innen und nach außen. Wie unsere Atmung. Darum gibt es zwei Perlen der Liebe. Geliebt zu werden und zu lieben, das ist das große, alles durchflutende Geschenk des Lebens.

Bei der ersten Perle geht es darum, Liebe entgegenzunehmen, offen zu sein für die Liebe, die zu uns kommen will. Das kann schwer genug sein. In der zweiten Perle der Liebe liegt die Liebe als ein Geschenk zum Weitergeben. Zu lieben heißt, für andere da zu sein und etwas von sich selbst zu verschenken, ohne daran zu denken, was wir zurückbekommen.

Wenn du die roten Perlen in der Hand hältst, denke an die Liebe in deinem Leben: an die Liebe, die zu dir kommt, und an die, die du an andere weitergibst.

DIE ERSTE LIEBESPERLE STEHT FÜR DIE LIEBE, DIE WIR ERHALTEN

Ein wärmendes Wort oder eine Gabe von einem anderen Menschen entgegenzunehmen, macht uns glücklich, aber es kann auch ein Gefühl hervorrufen, in jemandes Schuld zu stehen. Bin ich dem anderen nun eine Gegengabe schuldig?

Wir müssten eigentlich viel häufiger den freien Fluss zwischen einander spüren. Wir sind es wert, einfach entgegenzunehmen, was zu uns kommt. Etwas entgegenzunehmen, in der Stärke eines anderen ruhen zu können, in Liebe gesehen zu werden, das schenkt ungeahnte Kraft. Atme tief durch, spüre die Nähe der Natur und lass dich umschließen von Wärme und Licht. Lass den Alltag los und umfasse die erste Liebesperle. Öffne dich für das, was zu dir kommen will, eine Weile, Tag für Tag. Schicke einen Gedanken der Dankbarkeit aus zu allem, was du hast, und zu allem, wovon du ein Teil sein darfst. In Liebe.

MEINE EIGENEN GEDANKEN

DAS GEBET DER ZWEITEN PERLE DER LIEBE

Gott,
lass mich ein Herz
für jemanden sein.

DIE ZWEITE LIEBESPERLE STEHT FÜR DIE LIEBE, DIE WIR GEBEN

Zusammen mit der zweiten Perle der Liebe denken wir an diejenigen, die wir lieben. Wir denken an diejenigen, die in unserer Nähe sind, und an diejenigen, nach denen wir uns sehnen und die wir vermissen, an diejenigen, die wir vielleicht lange nicht getroffen haben. Wir denken an diejenigen, die uns im Alltag helfen, und an diejenigen, die vor uns den Lebensweg gegangen sind. Liebe zu geben ist ein Geschenk und je mehr Liebe wir mit anderen teilen, desto mehr wächst die Liebe.

Die allumfassende Liebe, die Liebe, die größer ist als wir selbst, bringt uns näher zueinander und sie bringt uns Gott näher. Mit der zweiten Liebesperle als Begleiterin halte ich die Alltagsliebe gegenwärtig und lebendig. Ich sehe dich, du bist wichtig für mich.

MEINE EIGENEN GEDANKEN

Die Geheimnisperlen

DAS GEHEIMNISPERLEN-GEBET

Klein oder groß,
was ich in deine Hand lege,
ist sicher verwahrt.

Die Geheimnisperlen

Drei kleine weiße Perlen schenken Platz für die innersten Heimlichkeiten des Herzens. Für das, worüber wir mit niemandem reden oder wofür wir nicht einmal Worte haben.

In unserem innersten Raum gibt es auch Geheimnisse, über die wir mit niemandem sprechen. Es können Träume oder Gedanken sein, die wir in uns tragen. Erlebnisse, die wir gehabt haben oder deren Zeuge wir in unserem Leben geworden sind und die darum ein Teil von uns sind – auch wenn es vielleicht zu schwer ist, davon zu sprechen. Jeder Mensch ist ein Geheimnis und manchmal verstehen wir uns selbst nicht. In diesen Perlen sind unsere Geheimnisse sicher verwahrt. Dort finden sie ihren Platz. Die Perlen können auch ein Raum sein für das Teuerste, was wir haben, für Menschen, an die wir denken und für die wir beten, Nahestehende, die krank sind, unsere Kinder, Eltern oder andere, die unsere Aufmerksamkeit brauchen. Die Geheimnisperlen zu berühren, heißt zu sagen:

Gott, denk daran,
vergiss sie nicht.

Die Frage nach dem Warum kann schwer auf uns lasten. Wir suchen nach Antworten auf die Geheimnisse des Lebens, auch wenn wir tief in uns wissen, dass es auf das, was geschieht, nicht immer eine Antwort gibt.

Es gibt Dinge im Leben, die wir nicht verstehen. Es gibt Erlebnisse, für die es keine Worte gibt. Es gibt Geheimnisse, die wir auf uns nehmen wollen, und es gibt Geheimnisse, die wir nicht teilen können. Geheimnisse können das Schwerste sein, was es im Leben gibt. Vielleicht haben wir Angst, sie könnten uns von denen trennen, die wir lieben. Es gibt Versprechen, die nicht gebrochen werden dürfen. Es kann sich um meine ganz persönlichen Gefühle handeln, die ich gerade jetzt habe. Es kann um meine innigsten Gefühle für meine Kinder und meine Familie gehen. Gott ist immer bei uns als jemand, der unsere Geheimnisse teilt, in Licht und Finsternis.

Vielleicht können wir unsere innersten Geheimnisse als unsere intimste Begegnung mit Gott verstehen?

MEINE EIGENEN GEDANKEN

Die Perle der Nacht

DAS NACHTPERLEN-GEBET

Hilf mir, wenn ich im
Dunkeln bin,
sodass ich das Licht
finden kann.

Die Perle der Nacht

Die Perle der Nacht steht für das Schwerste im Leben, Angst und Zweifel, Furcht und Verlassenheit, das, was dem Leben Kraft und Mut entzieht. In ihr finden Sinnlosigkeit und Verzweiflung Platz, Angst vor dem Tod und Katastrophen. Gibt es Gott? Warum müssen wir sterben? Sperr die Fragen nach dem Dunklen nicht aus. Es ist notwendig, vor dem Schweren innezuhalten. Es gibt Licht im Dunklen, auch wenn wir das nicht immer wahrnehmen. Während der Nacht kommt es näher. Wenn du die Perle der Nacht umfasst, stellst du dich vor die Dunkelheit. Erinnere dich daran, dass es Gott auch in der schwärzesten Nacht gibt. Niemand ist verlassen.

Die Luft geht mir aus. Mir stockt der Atem. Der Verstand bricht zusammen. Die Dunkelheit wird schwärzer und die Wände kommen immer näher. Mir bricht der Angstschweiß aus und ich falle in einen bodenlosen Brunnen. Keine Hilfe kommt zu mir, ich war noch nie so weit weg. Ich weiß nicht, wo ich bin, ich habe mich total verirrt – es gibt nur Dickicht und Wirrwarr, keinerlei Wege, die irgendwohin führen, wo es Hilfe gibt. Ich habe den Boden unter den Füßen verloren. Keine Hand kommt mir zu Hilfe in meiner Dunkelheit, kein Wort hilft mir gegen meine Seelenqual. Wehrmauern erheben sich rund um mich, alle Türen schließen sich. Keine Öffnung, keinerlei Kontakt.

Ich bin vollkommen einsam, so einsam, wie ein Mensch nur irgend sein kann. Hilf mir – irgendjemand! Die Tage haben ihre Struktur verloren. Die Zeit vergeht furchtbar langsam. Ich kenne mich selbst nicht mehr. Wo bin ich, der Mensch, der bisher in meinem Körper lebte? Was ist in meiner inneren Welt passiert? All diese Isolation und Sinnlosigkeit, bin ich das? Ich schaffe nichts, ich schwanke zwischen Verzweiflung und Ausgesperrtsein. Kampf, Angst, es wird immer schlimmer. Keinerlei Kontakt. Aber ich atme – trotz allem. Und da, zwischen Ausatmen und Einatmen, umfasse ich die Perle der Nacht und kann einen Moment ausruhen in meinem inneren Chaos. Gott ist da. Gott ist bei mir. Ich bin verzweifelt, aber ich bin nicht allein.

MEINE EIGENEN GEDANKEN

Die Perle der Auferstehung

DAS AUFERSTEHUNGSPERLEN-GEBET

Jeder Atemzug,
du in mir,
ich in dir.

Die Perle der Auferstehung

Die weiße Perle steht für den Sieg des Guten über das Böse, für die Hoffnung, die Unruhe und Angst überwindet, für den Sieg des Lebens über den Tod.

Die Nacht ist vorbei. Der Morgen ist da mit Licht und Leben. Die Schatten verblassen und verschwinden. Nichts ist mehr schwer. Das, was wir in der Ferne glaubten, ist nun ganz nahe. Das Licht ist nicht jenseits, es ist ganz innen und durchleuchtet das Außen. Dies ist die Perle des Friedens, wenn wir zur Ruhe kommen nach dem Kampf.

Die Perle der Auferstehung lässt uns hoffen, wenn das Leben sich uns entgegenstellt. Mitten in aller Unruhe über die Zukunft und das Jetzt will sie uns daran erinnern, dass das Gute das Böse besiegen kann. Sie will uns daran erinnern, wie wichtig es ist, das Licht zu suchen, nie die Hoffnung aufzugeben. Wenn du die Perle der Auferstehung in der Hand hältst, leuchtet eine Hoffnung auf und ein Gebet um Erneuerung.

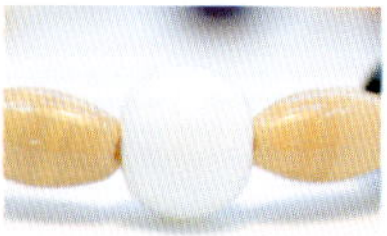

Ganz plötzlich – Sonnenaufgang. Das Licht kommt zurück. Schritt für Schritt. Ein Puzzleteilchen nach dem anderen findet seinen Platz – erst kommt eines, dann noch eines und ganz plötzlich sehe ich das ganze Bild. Endlich. Ich habe Kontakt. Zutrauen. Ich öffne die Augen und sehe, dass die Farben zurückgekehrt sind. Die Düfte. Die Menschen. Die Liebe, deine Liebe, trug mich. Ich bin hindurch. Alles ist still. Ich bin hier und du bist bei mir.

MEINE EIGENEN GEDANKEN

Zum Hintergrund der Perlen des Lebens

Die Perlen des Lebens wurden auf einer kleinen Insel in der griechischen Inselwelt geboren. Es war Spätsommer. Martin Lönnebo war als Bischof des Stiftes Linköping gerade in den Ruhestand gegangen. Nun war er in Griechenland, fuhr mit dem Boot von Insel zu Insel, las und genoss die freie Zeit. Doch ein viel zu früh einsetzender Herbststurm zwang das Boot zurück in einen Hafen. Die Insel, auf der das Boot anlandete, war klein, siebenundvierzig Einwohner. Er konnte ein Zimmer mieten und während er darauf wartete, dass der Sturm sich legte, begann er den Perlenkranz zu entwerfen, der nun die »Perlen des Lebens« heißt.

Vielleicht war es die Nähe zum Wasser, die ihn inspirierte, denn manchmal beschreibt Martin Lönnebo die Perlen als Rettungsring. Etwas, an dem man sich festhalten kann, wenn alles zusammenbricht. Für den modernen Menschen ist der Alltag manchmal wie ein reißender, eiskalter Strom, das Leben wie ein Kampf, um nicht zu ertrinken in Anforderungen, Leistungsdruck und Information. Da braucht man etwas, das man in der Hand halten kann. Etwas, das uns hilft, uns zu fokussieren, und das uns zum Zentrum zurückbringt, zu dem, was wichtig ist.

Die Geschichte der Perlen ist einerseits kurz, andererseits lang. Sie entstanden in einigen Tagen – und auf der anderen Seite sind sie ein Lebenswerk. Denn die Gedanken, die zu den Perlen des Lebens führten, beschäftigten Martin Lönnebo seit langem. Sie kreisten darum, eine Form oder ein Hilfsmittel zu finden, damit der gehetzte Mensch sich seinem inneren Leben nähern kann, etwas zu finden, das eine Antwort gibt auf die geistige Sehnsucht, die so viele Menschen heute in sich spüren.

Der Mensch besteht aus Körper, Seele und Geist, davon ist Martin Lönnebo überzeugt. Doch zugleich leben wir in einer Zeit, in der das Geistige unterdrückt wird. Das Geistige gibt es nicht mehr länger als einen selbstverständlichen Teil des Lebens. Der Fokus hat sich zum Materiellen hin verschoben. Das Positive daran ist, dass die moderne Gesellschaft dazu geführt hat, dass viele Menschen das haben, was sie brauchen, was Essen, Wohnen und Dinge angeht. Aber gleichzeitig haben die Menschen es immer schwerer, einen Sinn in dem zu finden, was sie haben. Ist das wirklich der Sinn des Lebens? Oder, wie Martin Lönnebo es ausdrückt: Der Mensch will im Zentrum des Lebens sein, aber er wird ständig an dessen Peripherie geschleudert. Und nach einer Zeit an der Peripherie ist er verführt zu glauben, dass dies das Zentrum des Lebens ist. Das Unwesentliche ist zum Wesentlichen geworden. Doch trotz allem wissenschaftlichen, materiellen und ökonomischen Fortschritt übt das Geistige eine Verlockung aus. Ungeachtet des vorherrschenden säkularisierten Menschenbildes hören die Menschen nicht auf, nach Gott zu fragen. Gibt es das Heilige? Das Ewige? Gibt es eine Liebe, die wie eine kosmische Kraft alle Dinge zusammenhält? Um auf diese Fragen eine

Antwort zu finden, braucht man Zeit und Aufmerksamkeit. Spiritualität setzt Gegenwärtigsein voraus. Und Zeit.

Als Martin Lönnebo über ein Hilfsmittel für die geistige Sehnsucht des Menschen nachdachte, sah er vier Anforderungen, die dieses erfüllen sollte: Es sollte in Form des Gebets sein, es sollte konkret sein, es sollte den christlichen Weg zusammenfassen und es sollte leicht zugänglich sein für uns Menschen. Der moderne Mensch ist eine gehetzte Seele, der sein Leben im Schatten des Vergangenen oder in gespannter Erwartung auf die Zukunft lebt. Das Leben erscheint als ein Ergebnis dessen, was wir geschafft haben, oder als eine Vorbereitung auf das, was kommen soll. Auf diese Weise sind wir nie richtig im Hier und Jetzt.

Was macht man da? Ja, sagt Martin Lönnebo, man setzt sich hin. Vielleicht zündet man eine Kerze an. Denkt über das nach, was wichtig ist im Leben. Vielleicht braucht man ein Hilfsmittel. Man umfasst die Perlen, lässt sie sachte durch die Finger gleiten. So beginnt man.

Martin Lönnebo gibt ohne zu zögern zu, dass die Perlen, mindestens teilweise, auch als eine Antwort für ihn selbst entstanden sind. Denn als er in seinem Zimmer in Griechenland saß und die Perlen zeichnete, suchte er auch nach seiner eigenen Konzentration. »Um zur Stille zu kommen, kann es eine Hilfe sein, tief einzuatmen und seinem eigenen Atem zu lauschen. Das schaffte ich so in etwa. Doch zur

Meditation gehört auch das innere Bild und zum Gebet das Wort. Da wurde es schwieriger für mich«, schreibt er in seinem ersten Buch, das er zu den Perlen des Lebens verfasst hat.

Auf unterschiedliche Weise hat er selbst während vieler Jahre damit gerungen, Regelmäßigkeit und Tiefe in seinem Gebet und seiner Meditation zu finden. Beten kann schwer sein, sagt er. Dieses Eingeständnis ruft möglicherweise Erstaunen hervor, stammt es doch von einem Mann, der während seines ganzen Lebens seiner spirituellen Sehnsucht gefolgt ist.

Martin Lönnebo wurde 1930 in Kågeträsk, einem Ort in der nordschwedischen Landschaft Västerbotten, als achtes und letztes Kind einer Bauernfamilie geboren. Er wuchs auf, umgeben von Tieren und Natur. Als Siebenjähriger hatte er ein starkes Erlebnis von Gottesnähe. Er war am Meer und ihn überkam ein Gefühl, ein Wissen, dass alles, was um ihn herum war, ein Teil von etwas Größerem ist. Ein Gefühl, dass er sich in Gottes Haus befand und dass er hier zu Hause war.

In seiner Jugend arbeitete er für kurze Zeit als Bauernknecht und Köhler. Doch als er die Möglichkeit erhielt, an der Universität zu studieren, begann er mit Philosophie, wechselte dann aber zur Theologie und schrieb sogar eine Doktorarbeit in Theologie. Bevor er dreißig war, wurde er zum Pfarrer ordiniert und hatte eine Reihe unterschiedlicher Stellen in der Kirche inne, bevor er 1980 zum Bischof des Stiftes Linköping ernannt wurde, ein Amt, das er bis zu seiner Pensionierung im Jahr 1995 innehatte. Obwohl er sein ganzes Leben im religiösen Bereich zugebracht hat, gibt er gerne zu, dass das Gebet und der Glaube nicht einfach sind. »Man muss nur mich anschauen«, sagt er. »Und geht es einem wie mir, dass es einem schwerfallen kann, auf etwas ausgerichtet und konzentriert zu bleiben, soll man Hilfsmittel suchen.«

Das Reihenhaus, in dem er am Rande von Linköping zusammen mit seiner Frau Britt-Louise wohnt, spricht eine deutliche Sprache. An den Wänden hängen Ikonen, einige davon mehrere Meter groß. Im Garten hat er seine eigene Version der Schöpfungsgeschichte gestaltet. Sieben runde Glaskugeln, eine für jeden Tag, ein Übungsort für Meditation und Kontemplation über die Schöpfung und das Leben. Seinen Perlenkranz hat er immer in der Hosentasche und jedes Mal, wenn er seine Hand in die Tasche steckt, wird er an die Anwesenheit des Großen erinnert. Diese Erinnerungen sind notwendig, denn sie helfen uns, das wirklich Wichtige unseres Daseins nicht zu vergessen.

Die Gottesbeziehung steht für Martin Lönnebo im Zentrum seines Lebens, und ein früherer Mitarbeiter hat ihn einmal als einen Menschen beschrieben, der zwar in dieser Welt lebt, aber nicht von dieser Welt. Diese Beschreibung ist zutreffend. Gleichzeitig sagt er, dass es bei der Reise, auf die die Perlen uns mitnehmen wollen, zwar darum geht, Gott zu finden, aber es geht auch darum, zu uns selbst, zu unseren Mitmenschen und zur Natur zu finden. Und das ist keine leichte Reise, denn sie verlangt etwas von uns, was man als nahezu unerreichbar ansehen kann – unseren Glauben. In einer Zeit, in der alles messbar sein soll, kann es einem Angst einjagen, sich auf den Glauben zu verlassen. Spiritualität ist ein Prozess, keine Einmalhandlung, und Martin Lönnebo spricht davon, wie wichtig geistliche Übung ist. Wie der Körper Bewegung braucht, um nicht hinfällig zu werden, der Intellekt trainiert werden muss, um scharfsinnig zu bleiben, genauso muss auch der Spiritualität Zeit zum Wachstum gegeben werden. Das hört sich vielleicht ein wenig trist an: Geistliche Übung, spirituelles Training. Doch für Martin Lönnebo ist es unvermeidlich. Denn durch regelmäßiges Gebet und Meditation kann der Mensch eine Beziehung zu Gott schaffen und aufrechterhalten. Und es ist das Gebet, nicht die Wissenschaft, das unser Glaubensbekenntnis bilden sollte.

Gott, der Mensch und das Schweigen. Damit beginnt es. Folglich war die Gottesperle, zusammen mit der Ich-Perle und den Perlen der Stille, der Ausgangspunkt des Kranzes. Dann folgen die Perlen dem Weg des Lebens über Geburt, Tod und Wiedergeburt, wie er in der Taufperle, der Perle der Nacht und der Perle der Auferstehung zum Ausdruck kommt. Wenn man die sechs Perlen der Stille mitzählt, besteht der Kranz aus achtzehn Perlen. Viele haben herauszufinden versucht, wie die Perlen Gestalt angenommen haben, warum es gerade drei Geheimnisperlen sind oder sechs Perlen der Stille oder zwölf runde Perlen. Martin Lönnebo selbst sagt, dass die achtzehn Perlen weniger Bedeutung haben als die zwölf runden Perlen, die auf das Buch der Offenbarung zurückverweisen mit seiner Beschreibung der Tore des Himmelreiches: »Die zwölf Tore waren zwölf Perlen, jedes Tor war aus einer einzigen Perle.« (Offenbarung 21,21) Jede Perle ist ein Tor, das darauf wartet, geöffnet zu werden. »Aber ich kann sagen, dass die Sechs die Zahl des Menschen ist, die Zahl des unruhigen Wesen, das nach Frieden sucht, und achtzehn (10 + 8) ist die Zahl der Vollendung.«

Dass es aber genau drei Geheimnisperlen gibt, hat eine viel

weltlichere Erklärung. Martin Lönnebo hat drei Kinder und zunächst wollte er jedem Kind eine Perle geben, hat sich dann aber doch anders entschieden. In seinem eigenen Kranz hat er seine Kinder und die Menschen, die ihm am allernächsten stehen, seien sie noch am Leben oder bereits tot, in die erste Geheimnisperle hineingelegt, die er als ein großes, weißes, schönes Haus beschreibt, in dem sie leben können. »Aber ich bin froh, dass es genau drei Geheimnisperlen sind, denn die Drei ist die Zahl der Gemeinschaft und die Zahl Gottes.«

Wenn es eine Perle gab, über die er im Zweifel war, so war das die schwarze Perle. Sie war auch beim ersten Perlenkranz noch nicht mit dabei. Der Zweifel rührte von einer Angst her, dass es zu schwer sein könnte, diese Perle in die Hand zu nehmen und anzunehmen. Die Nacht, die Angst, die Krise, den Zweifel, den Tod. Doch wenn er auch zunächst Zweifel hatte, so sagt er jetzt, dass es gut ist, die schwarze Perle zu umfassen. Den Tod zu verleugnen ist eine Art und Weise, Angst vor dem Leben zu haben. Dem Schweren, dem Anstrengenden, dem, was kaum auszuhalten ist, auszuweichen, macht uns als Menschen kleiner, denn Schwierigkeiten sind ein Teil des Lebens.

Dann erzählt er davon, wie er und zwei Freunde sich in der Wüste verirrt hatten, von der Angst, die um sich griff, den Gedanken, die ihm kamen, als er den Tod vor Augen hatte. Das waren nicht Gedanken an missglückte Finanzgeschäfte oder Dinge, die er hätte anders machen sollen. Vielmehr ging es um die Einsicht, dass das wirklich Wichtige im Leben Beziehungen sind, die Menschen, die man geliebt hat und von denen man sich hat lieben lassen.

Bischof Martin Lönnebo

Seine Gedanken gingen zu seiner Familie und als er an seine Frau und seine Kinder dachte, wusste er, dass er einen Weg zurück finden musste. Besonders als er an seinen entwicklungsgestörten Sohn Jonas dachte, wusste er, dass dieser Sohn ihn noch einige Zeit brauchen würde und dass er diese Zeit bekommen sollte. »Vielleicht«, sagt er dann, »geht es bei unserer Todesangst nicht um die Angst zu sterben, sondern darum, dass wir noch etwas zu besorgen haben oder dass wir das Leben nicht so gelebt haben, wie wir es uns vorgestellt haben. Sich mit dem Tod zu versöhnen, ist wichtig, denn das macht das Leben wichtig. Sich mit dem eigenen Tod zu versöhnen, öffnet eine Tür zu einer anderen Wirklichkeit.« Die Perle der Nacht ist darum ein Teil des Kranzes, weil sie ein Teil des Lebens ist.

Nachdem Martin Lönnebo wohlbehalten aus Griechenland zurückgekommen war, fertigte er für sich selbst den ersten Perlenkranz aus Holzperlen an, um zu sehen, ob er wirklich funktionierte. Und das tat er. Doch er hatte auch mit einigem Widerstand zu kämpfen. Einige hielten den Kranz für kindisch. Andere meinten, dass er etwas Verdächtiges in sich barg, etwas Mystisches, dass er an ein magisches Schmuckstück erinnere. Martin Lönnebo unterstreicht, dass das Gebet in seiner tiefsten Form »magisch« ist, insofern es etwas verändern will. Doch das überzeugte die Skeptiker nicht. Dass ein Armband als kindisch angesehen werden kann, macht ihm nichts aus. Im Kindischen und Kindlichen findet sich oft Freude, sagt er. Wichtig ist, dass es funktioniert.

Worin liegt dann das Geheimnis, kann man sich fragen. Die Einfachheit spricht viele an. Ebenso die Schönheit. Die Berührung ist ein weiterer Punkt, hebt Martin Lönnebo hervor. Heutzutage werden Ohren und Augen mit Informationen bombardiert, aber die Berührung kommt zu kurz. Natürlich kann man Bücher über Gott schreiben und man kann über Gott sprechen, aber die Begegnung mit Gott liegt jenseits der Worte und es geht im Grunde darum, berührt zu werden. Rund zehn Jahre sind vergangen, seitdem der erste Kranz angefertigt wurde, und heute wird er häufig verwendet. Er hat unzähligen Menschen geholfen, ihr Gebet und ihre Beziehung zu Gott zu vertiefen. Auf die Frage, ob die Popularität der Perlen des Lebens ihn erstaunt, antwortet Martin Lönnebo: »Nein, das freut mich.«

Die Einfachheit des Kranzes und die Botschaft der Perlen haben offenbar Anklang gefunden. Die Perlen, sagt Martin Lönnebo, haben sein Gebetsleben und seine Beziehung zu Gott vertieft. Sie haben ihm einen Reichtum geschenkt, den man nicht für Geld kaufen kann. Vielleicht hätten sie ihn auch reich gemacht. Doch frühzeitig beschlossen er und seine Frau, dass die Honorarzahlungen, die er für die Bücher und Perlen erhält, der schwedischen Organisation »Individuell Människohjälp« (deutsch etwa: Individuelle Hilfe für Menschen) zugute kommen sollen. Sie richteten dort auf den Namen ihres Sohnes Jonas einen Fond für Kinder mit Entwicklungsstörungen ein. Mit einem behinderten Kind zu leben, war eine Herausforderung und Sorge, aber gleichzeitig war es ein Geschenk und eine Quelle neuer Einsichten und Inspiration. »Du kannst das Leben lieben, ohne es zu verstehen. Die Begegnung mit Gott geschieht nicht auf intellektueller Ebene. Sie liegt jenseits der Worte. Das ist die Schönheit jenseits aller Vorstellung«, sagt Martin Lönnebo.

Carolina Johansson

www.perlen-des-lebens.com

QUELLENNACHWEIS

GEBETE

Martin Lönnebo, S. 19, 25, 31, 37, 49, 61, 65
Margareta Melin, S. 43, 77
Lotten Wesslén und Stefan Klint, Verbum Förlag AB, S. 55
Lotten Wesslén, Verbum Förlag AB, S. 71

ABBILDUNGEN

Gunnar Bergkrantz, MOW AB, S. 4-5, 9, 11, 18, 22, 24, 28, 30, 32, 34, 36, 38, 40, 42, 46, 48, 52, 54, 56, 58, 60, 62, 64, 66, 68, 70, 72, 74, 76, 80, 94-95
Lars Ohlsson, MOW AB, S. 12
Digital vision, S. 20
Getty Images, S. 26, 44, 50, 78
Mats Sandelin, Verbum Förlag AB, S. 82, 85, 90-91

Weitere Informationen erhalten Sie auch unter www.perlen-des-glaubens.de Über diese Adresse sind Perlenbänder aus echten Steinen, die ebenfalls aus dem Fairen Handel stammen, beziehbar. Unter dieser Adresse finden Sie auch Hinweise zu Kursen und Studientagen zum persönlichen Gebrauch der Perlen und zum Einsatz der Perlen u.a. in der Arbeit mit Kindern, in der Konfirmanden- und Gemeindearbeit, die in Zusammenarbeit mit dem Ansverus-Haus in Aumühle (www.ansverus-haus.de) angeboten werden.